迎媽祖

（十周年大開本紀念版）

繪圖◎劉豐
文字◎曹銘宗

繪　　圖／劉　　豐
文　　字／曹銘宗
叢書主編／黃惠鈴
叢書編輯／葉倩廷
整體設計／王　穎
編輯主任／陳逸華
總編輯／胡金倫
總經理／陳芝宇
社　　長／羅國俊
發 行 人／林載爵

聯經出版事業股份有限公司
新北市汐止區大同路一段369號1樓
(02)86925588轉5312

2019 年8月初版
有著作權 · 翻印必究
Printed in Taiwan
文聯彩色製版印刷有限公司印製

行政院新聞局出版事業登記證局版台業字第0130號
本書如有缺頁，破損，倒裝請寄回台北聯經書房更換。
聯經網址：www.linkingbooks.com.tw
電子信箱：linking@udngroup.com

參考資料：黃美英《台灣媽祖的香火與儀式》
林茂賢〈大甲媽祖進香團陣頭之研究〉
台中大甲鎮瀾宮網站
嘉義新港奉天宮網站
雲林北港朝天宮網站

ISBN　978-957-08-5326-1 (精裝)
定價：新台幣990元

繪者後記

三月瘋媽祖，每年的三月總會在電視新聞上看到媽祖遶境萬頭攢動的盛況，這種別具美感的民間信仰表現形式從小就深植我心，因為在寧靜的鄉間度過童年的我，除了小學運動會以外，就數廟會的各項活動最盛大、並最令我懷念，因此參與媽祖遶境活動的念頭就年年催促我上路，不同於小時候的是多了一個心眼，不再只是看熱鬧而已了。用繪圖的方式整理出永遠看不清全貌的遶境隊伍，是我私底下單純的計畫。一旦著手，問題就全湧而上，大的不說，小的如著清朝服裝、頭戴鴨舌帽、腳穿球鞋的搭配就讓我難以消受，心裡總盤算著如何幫護駕媽祖的執事們著一套體面的制服。

在一個並非偶然的機會裡，我用這擱在心裡一段時間的計畫，成功的頂替了主編給我出的難題，以為不但避開了難題又可心想事成，未料我給自己帶來的才是真正的大難題，各方專家意見分歧不說，人物及物件之多更耗盡了我的耐性，是太天真呢？還是不自量力。至於先前服裝的小問題，在此時不過是許多大問題中非常微小的事了。

這個大圖，也許讀者三兩下就看完，但是卻耗盡我將近一年時間才完成，很多細節看似簡單卻極盡複雜，這可能是我經歷最辛苦的一個作品了。

文字作者後記

媽祖是台灣漢人最盛行的民間信仰，遍布台灣各地的一千多座媽祖廟，像母親一樣庇佑著子民。

台灣的媽祖信仰源自中國南方沿海地區，但信仰的熱度卻遠超過原鄉。在台灣，媽祖廟雖然有分靈的不同，有時彼此之間甚至因分靈產生的層級問題而引起爭執，但並沒有造成信仰上的差別。

台灣第一座媽祖廟是澎湖的天后宮（娘媽宮），十七世紀西方海上強權荷蘭人前來東方經商，在1604年初到澎湖，首先看到的就是這座面向大海的廟。隨後明朝沈有容率兵前來澎湖，就在這座廟會見荷蘭船隊司令韋麻郎，要求對方撤走。現在廟裡還留著一塊「沈有容諭退紅毛番韋麻郎等」石碑，可以說媽祖見證了台灣登上世界舞台的開端。

如何描述媽祖在信徒心中的地位？我們可以想像，清朝「唐山過台灣」的閩粵移民，在橫渡台灣海峽險惡的黑水溝時，手上捧著媽祖神像。但信徒有更大的想像，日治時代太平洋戰爭末期，美軍空襲台灣，媽祖在空中顯靈，用裙擺接住炸彈……

台灣媽祖信仰在農曆三月舉行的遶境、進香活動，有很多信徒以多天全程行腳來表達對媽祖最虔誠的信仰。在我看來，走完媽祖遶境全程，與登上玉山一樣，都是對台灣這塊土地的禮敬。

報馬仔

「各位鄉親啊！媽祖出巡就要到這裡了，請趕緊收拾晾曬衣褲，擺好香案桌……」在媽祖遶境、進香的隊伍中，走在最前面的是負責敲鑼報信的「報馬仔」。

報馬仔又稱探馬仔，源自古代軍隊的探子。報馬仔的習俗從清代就有了，傳說有一個信徒長腳瘡，向媽祖許願如果痊癒就做駕前報兵謝恩。

報馬仔的裝扮看來奇異，但有其涵義。為了遮陽頭戴斗笠，為了擋雨肩挑紙傘。由於急忙奔走，捲起褲管的左腳還穿著草鞋，右腳卻掉了鞋子，赤足上因被蟲叮咬貼著膏藥。眼鏡代表明辨是非。銅鑼（鑼心）的發音是「勞心」。錫壺的發音則接近「惜福」。皮襖的發音可聯想忍受煎熬。豬腳、韭菜是長生肉、長生菜，豬腳還可防煞，「豬足」的發音也同於「知足」。

台灣各地媽祖廟的遶境、進香活動，在儀式上略有不同，一般從農曆元月十五日元宵夜就展開籌備工作了。當晚，先擲筊向媽祖請示出發日期和起駕時辰，隨後進行「搶香」，由贊助活動的團體或廟宇來協調，可擲筊或依出資多少決定「頭香」、「貳香」、「叁香」的順序。各香有聘請陣頭隨行或演出的義務，但相對就有代表信徒在媽祖神轎內香爐「插香」祭拜祈願的特權。

出發前三天，媽祖廟就要「犒軍」，把領路的「頭旗」插在廟門前，參加進香的信徒也開始齋戒、禁慾。出發前，還要舉行祈安大典，向媽祖稟告今年遶境各項事宜，並請媽祖保佑參加進香的全體人員一路平安。然後，把媽祖神像、大印、令旗、香爐等請到神轎中，「神轎班」人員守護在旁，信徒紛紛來到轎前跪拜。

起駕的時辰終於到了！在媽祖出巡前導的哨角、馬頭鑼，以及神轎前的「轎前吹」吹奏下，信徒跪在地上恭候媽祖起駕。此時廟外傳來三聲炮響，接著在一聲「起駕」下，八名轎夫扛起神轎，媽祖遶境、進香的隊伍就上路了。

頭旗、頭燈、三仙旗

在報馬仔之後，媽祖遶境、進香隊伍的前導陣頭亮相了，首先就是頭旗隊，包括頭旗一支、頭燈兩盞、三仙旗三支。

頭旗是代表主神的旗幟，掛在戟或槍的兵器上，上面繡有媽祖名號，除了引導隊伍前進，並有開路、除煞的作用。頭燈是燈籠造型，上面也寫上媽祖名號，並在夜間點亮以照明、領航。三仙旗是三面繡有媽祖名號及龍鳳圖案的方旗，中間黃旗代表媽祖，兩邊藍旗則是護駕。

在進香途中，頭旗看到了前來迎駕的陣頭，就要負責接禮，或引導到媽祖神轎前行禮，此時三仙旗就代替頭旗領導隊伍繼續前進。在進入地方廟宇駐駕前，頭旗則要帶領頭燈、三仙旗行禮。

台灣奉祀的媽祖，依從祖廟「分靈」來區分有「湄州媽」、「溫陵媽」（晉江）、「銀同媽」（同安）、「汀洲媽」、「興化媽」等，在台灣在地化後則有「北港媽」、「大甲媽」、「鹿港媽」、「關渡媽」、「白沙屯媽」等，這些歷史悠久的媽祖廟在台灣各地也有很多分靈廟宇。

依媽祖神像臉色來區分則有「金面媽祖」、「紅面媽祖」、「烏面媽祖」等。金臉看來莊嚴，這是神明常用的顏色。紅臉充滿喜氣，也很受歡迎。黑臉則有兩種說法：一說是因廟中香火鼎盛被煙熏黑，一說是黑臉讓人恐懼，可執行除煞等任務。

在一個媽祖廟內，本來只有一個媽祖神像，後來為了方便信徒迎請，廟方就做了分身神像，依治病、除煞等不同職責而有大媽、二媽、三媽等。

台灣媽祖的造型大多像中年婦女，面容慈祥，身材福態，展現母親的形象。台灣媽祖神像的構造分成硬軟兩種，硬體媽祖就像一般神像以木材、泥土或石材雕塑，軟身媽祖則是以木材加上藤條做成，有關節裝置，四肢可活動。台灣知名媽祖廟大都是軟身媽祖，這也是台灣媽祖神像的一大特色。

媽祖不管什麼樣的分靈、分身和造型，對虔誠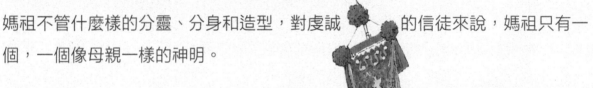的信徒來說，媽祖只有一個，一個像母親一樣的神明。

台灣的媽祖信仰

在台灣，媽祖是什麼樣的神明，可以感召無數人參與遶境、進香的活動？那麼多充滿活力的陣頭，那麼多虔誠行腳的信徒。

有關媽祖的身世，信徒已把歷史和神話融合了。相傳媽祖在宋朝生於福建莆田的湄州島，出生後逾月不哭，取名「默娘」。她從小聰明伶俐、知書達禮，既好佛法又通醫理，水性極好，常救助遭遇海難的人。不管是說得高人傳授祕法得道升天，或說本是「通天神女」的女巫信仰，媽祖後來被建廟奉祀，傳說常在海上顯靈救難，並被歷代政權冊封「南海神女」、「天妃」、「天上聖母」、「天后」，成為地位崇高的女神。

媽祖信仰從宋朝就已流傳中國南方沿海地區，自十七世紀再由閩粵移民渡海帶到台灣。四百年來，隨著移民在台灣的開拓與發展，媽祖庇佑信徒的職責從航海逐漸擴大到墾殖、驅疫、祈雨、防颱、救災、戰爭及各行各業，甚至健康、學業、感情等，宛如母親一般的「台灣守護神」。

開路鼓

前導陣頭除了頭旗隊，還有鑼鼓隊，稱之「開路鼓」，在鑼鼓喧天中宣示媽祖就要到了，車子讓道、行人迴避、在路邊擺香案的民眾也準備好了。

開路鼓除了用腳踏車載著鼓架，上有大鼓、小鼓之外，背後還有俗稱「鼓吹」的嗩吶，以及銅鑼、銅鈸。開路鼓由嗩吶吹奏熱鬧的樂曲，大鼓、小鼓敲打節奏，銅鈸、銅鑼跟著齊鳴，一邊行走一邊吹奏，除了開路、帶動氣氛外，也引導整個隊伍的步伐。

擺香案

媽祖遶境、進香隊伍所經之處，很多沿途居民會事先準備「香案」（香爐和小桌子），擺上清茶、鮮花、水果等供品，焚香祭拜，一來迎接，二來祈願。

香案如果沒有擺在路邊，也可以擺在自家門口，或僅以雙手合掌拜拜，都代表著一顆虔誠祈禱的心。

換手

媽祖遶境、進香的活動耗時費力，尤其負責扛大旗、抬神轎、舉「大仙尪仔」（大神偶）等人員，雖然個個體力充沛，仍要輪流休息，才能走完全程。

像頭旗隊、神轎班等都有安排分組換班的制度。尤其是舉大神偶的人，不但負重還要舞動，需要很大的力氣，所以旁邊都有同伴等著，隨時準備換手。大神偶的換手也是一番陣仗，有時需要兩人從神偶左右兩旁把神偶提起，裡面的人一鑽出來，換手的人馬上補上。

繡旗隊

在媽祖遶境、進香的隊伍中，繡旗隊是很特別的一支，成員大多是女性香客，尤以中高齡婦女居多。

繡旗隊並不是固定組織，每年的成員也不全相同，主要是個人祈願，但第一次參加者必須擲筊請示媽祖應允。這些自願苦行為媽祖護駕的婦女，大都不是為了自己的好處，而是請求保佑家人，讓人見識到女性為家庭犧牲的精神。

繡旗隊前方由男性拿著方形大旗領隊，後面就是一大群頭戴斗笠、手持三角繡旗的女性，雖然只是遊行不做表演，但人數很多，壯大了陣容。

媽祖轎

媽祖遶境進香的隊伍中,眾所矚目的就是媽祖神轎,很多信徒一看到神轎就會跪拜。

媽祖神轎大都精心傑作,呈現台灣民間宗教藝術之美。以大甲媽的神轎來說,藤身木座,雕工和裝飾都很細緻,轎身、轎桿披上刺繡的轎衣、轎裙,轎頭掛著小燈,外型有如一座小廟,由八人扛抬。

在信徒眼中,媽祖神轎是最靈的,所以在遶境、進香期間,隨時都會有人過來觸摸,希望得到媽祖庇佑。神轎在沿途的廟宇停駕時,停駕的長椅和地面都要墊上金紙,等神轎起駕後,也會有人爭相撿拾「轎腳金」。

在媽祖神轎下「鑽轎腳」更是常見的場面,只見一個個信徒跪在路中,讓神轎從自己身上越過,據說可以祈安、治病、消災解厄。有時等著「鑽轎腳」的人多到大排長龍,造成神轎行進困難,但神轎班人員總是耐心讓每個信徒鑽過,隨後再以小跑步追上隊伍。

獅陣

看！「弄獅」出來了！靈活的獅頭帶著生動的獅身，立刻吸引眾人的目光！

在媽祖遶境、進香的各種陣頭中，有一種由搶香者聘請、非宗教性的陣頭，演出民俗技藝或體育，其中常見的就是獅陣（或稱獅團）。此外，有些地方也會派出當地的獅陣前往迎駕。

獅子象徵祥瑞，舞獅以「祥獅獻瑞」亮相，在台灣民間是很受歡迎的節慶表演。

大鼓陣

震天動地的鼓聲，鼓舞了整個隊伍的士氣！

在媽祖遶境、進香的各種陣頭中，大鼓陣也是表演性的陣頭，可在車上隨駕演出，或在路上定點演出，帶動熱鬧的氣氛。

大鼓陣沒有搭配其他樂器，主要是鼓聲的節奏，但擊鼓者以美妙的手勢和招式，敲打鼓的不同部位發出不同的響聲，產生很大的震撼力。

涼傘最接近神轎，只要看到涼傘，就會看到神轎了。涼傘源自古代帝王出巡時遮陽用的「華蓋」，台灣民間廟會神明出巡時，在神轎前也都有涼傘。另有一稱為「娘傘」。

涼傘是直筒形狀，上面繡有媽祖和廟宇的名號，以及龍鳳、八仙等圖案，頂端繫著兩條劍帶（長條形繡品，下端呈三角形），下方綴有流蘇，由一人舉著，一邊行走一邊旋轉，遠看有如一把傘。旋轉涼傘必須緩慢、穩定，並以逆時鐘方向轉動，才能讓人看清楚上面的大字。

令旗、馬頭鑼、涼傘

「轎前吹」之後，就是與媽祖神轎關係最密切的一組陣頭了，包括令旗、馬頭鑼、涼傘。

令旗共有兩面。黃色、方形的旗，中間有個圈，上面寫著「令」，代表號令天兵天將守護神轎。

馬頭鑼也是兩面，「馬頭」一詞據說來自「馬首是瞻」成語。馬頭鑼走在涼傘之前的左右兩側，響亮的鑼聲，具有驅邪除煞的作用。

轎前吹

「轎前吹」是媽祖神轎前的小樂班，專門負責為神轎開路。
這個陣頭的樂器是嗩吶（鼓吹），以及吊鼓、鐃鈸、小木魚等，
吹奏高亢宏亮的樂聲，宣示媽祖神轎就在眼前了。

福德彌勒團

大神偶的陣頭開始出現了，而且一次就是五尊！

在媽祖遶境、進香的各種陣頭中，神偶團中的各種神明，或神格低於主神媽祖，或扮演護衛媽祖的角色。神偶身戴或手持之物，被認為帶有靈氣，很多民眾都喜歡碰觸或拿取。

福德彌勒團由土地公（福德正神）、玉女仙姑，以及彌勒古佛、彌勒祖師、彌勒羅漢（取佛教彌勒佛的造型，但與佛教無關）組成。活潑可愛的玉女仙姑，對比老成持重的土地公，加上三尊走路搖搖晃晃的大頭彌勒，非常逗趣。

此團以台灣民間最基層的神明土地公領頭，只見他右手持拐杖、左手拿元寶，象徵賜福添財，很受歡迎。

雲林北港朝天宮媽祖出巡時，虎爺轎是重頭戲，身穿黑紋黃衣的
扛轎者，在哨聲（持扇者）、鼓聲的指揮下，踏著特殊的腳步，
以「S」形的走法，搖晃前進，虎虎生風。以「吃炮重」聞名的
虎爺轎，樂於接受民眾丟擲大量鞭炮，只見火光四射、濃煙漫天，
非常壯觀。

虎爺

在即將抵達嘉義新港奉天宮時，奉天宮著名的虎爺就會前往接駕，虎爺轎的陣頭一出現，來看熱鬧的更是人山人海了。

威猛的虎是萬獸之王，傳說被土地公、城隍爺等諸神收伏為坐騎，並被神格化為虎爺、虎將軍，可嚇阻凶神惡煞，保護地方安寧。台灣也有虎爺信仰，並傳說虎爺也在媽祖座下，但一般廟宇都把虎爺供奉在神桌底下，只有新港奉天宮設有虎爺殿，成為唯一把虎爺供奉在桌上的廟宇。

花車

在媽祖遶境、進香的各種陣頭中,有一種以貨車裝飾而成的「花車」,包括傳統式的「藝閣」,以及現代的電子琴花車。

藝閣以外表很像樓閣得名,在上面呈現民間故事或古典文學和戲曲的情節,本來都由真人演出,成為具有人文內涵的裝置藝術。藝閣最早由四至八人扛抬,後來設在牛車、電動三輪車上,現在都設在貨車甚至拖車上,而且還自備發電機以製造更好的燈光效果。

在台灣的廟會活動中,藝閣曾經興盛,一度式微,後來又再活躍。但是,有些藝閣使用假人,布景和聲光都太俗氣,已失去傳統藝閣的美感了。電子琴花車則是台灣民間廟會、節慶特有的產物。

彌勒團

彌勒團有三尊彌勒,據稱是原福德彌勒團成員另組的陣頭,並與
母團競爭。

這三尊圓臉、大耳、露出肚子的彌勒,象徵歡樂與福氣。他們一
手拿扇子,一手拿酒壺(葫蘆),一路飲酒作樂,走著醉步前進,
有時還假裝乾杯或一飲而盡,笑容可掬,十分討喜。

三十六執事隊成員分成兩行縱隊行走，手上拿的也分成兩部分：
前半部的人拿彩牌，上面書寫「肅靜」、「迴避」、「天上聖母」、
「遶境進香」、「風調雨順」、「國泰民安」（每個廟不同），
每種各一對共十二面。

後半部的人則拿十八般武器各一對共三十六支，但隨著參加的
人數逐漸擴增到一百多人，所以兵器不止十八對，總共也不止
三十六支，三十六只是概稱。

三十六執事隊

三十六執事隊類似古代帝王出巡的儀仗隊，走在媽祖神轎的前方，負責開路、護駕及維持秩序。這個隊伍包括一對龍鳳旗、十二面彩牌、十八般武器，龍旗在前，鳳旗壓後。三十六這個數字，來自十八般武器各一對共三十六支。

媽祖遶境、進香的隊伍中有兩個很大的非固定組織，一個是女性組成的繡旗隊，另一個就是由男性組成的三十六執事隊。自願參加三十六執事隊的人，也一樣要擲筊請示媽祖應允。

進香客

在媽祖遶境、進香的隊伍中,有很多個別的進香客,稱之「散香」、「隨香客」、「香燈腳」。他們人數眾多,但沒有組織和任務,單純只為了向媽祖祈福、還願。

這種進香客依個人的時間和體力,可參加從一天到八天的行程,或只參加送駕、接駕、祝壽等儀式。他們之中有個人參加的,可走路(戴斗笠,背包包,拖著有輪子的行李袋),也可騎腳踏車、機車,早年還有人搭三輪車;有家庭參加的,可開轎車、小貨車,早年還有人開農村的鐵牛車;還有親朋好友一起包遊覽車參加的。

進香客手持一面三角形的令旗(又稱香旗,繫著小鈴鐺,在邊縫寫上姓名、地址),代表已請調天兵天將,保護在進香途中一路平安。

多年來,媽祖遶境、進香的活動隨時代發展而有一些變化,城鄉的風貌變了,陣頭的表演變了,但進香客對媽祖那顆虔誠、感恩的心永遠不變。

太子團

太子團有兩尊神偶，主角是以頑皮著稱的三太子哪吒，配角則是安排來「看管」他的濟公。

三太子以民間故事封神榜「中壇元帥」的造型出現，身披混天綾，背插五營旗，右手持火尖槍、左手持乾坤圈，但一臉稚氣，兩眼靈活，天真活潑又可愛。濟公則以不修邊幅的活佛（禪師）亮相，雖然看來慈眉善目，但右手拿破扇、左手拿酒壺，酒醉走路的樣子卻很滑稽。

三太子走路以踩七星步、之字型前進，常提腿做九十度的大轉彎，非常生動，尤其他會與民眾「換奶嘴」，很受青睞。一些家裡有新生兒的信徒，都會買奶嘴來交換，或討個奶嘴回家，以求保佑孩子「好育飼」，平安長大。

兩尊神偶的頭上繫著一串「高錢」，手上握著一疊「手錢」，民間傳說這些符紙可以驅邪、治療疑難雜症。所以，兩尊神偶在行走擺動時，一些信徒如果看到符紙掉落地上，就會爭相撿拾。

莊儀團

媽祖座前的兩位護駕是水精將軍千里眼、金精將軍順風耳，展現莊嚴、威儀的姿態，故稱莊儀團。根據傳說，千里眼、順風耳原是一對妖精兄弟，一個能眼觀千里，一個能耳聽八方，兩人常出沒危害民間，後來被媽祖收伏，幫媽祖觀察和聆聽世情。

莊儀團的兩尊大神偶，千里眼青面青袍、順風耳紅面紅袍（各廟顏色有所不同），長相莊嚴，步伐穩健，尤其手臂製作採分段連接，有如人體一般，所以舞動起來非常生動。

年輕香客

在進香客的隊伍中，也會看到年輕人，一頂鴨舌帽，一身輕便的T恤、牛仔褲，把進香令旗插在背包上，好像去遠足一般。

媽祖遶境、進香的活動，長期以來被認為老人家才會參加，但近年來也吸引不少年輕人，其中有人在做學術的調查研究，更多人是抱著另類旅行的心態。他們在腳踏實地的進香過程中，除了體驗台灣民間宗教的活力、媽祖文化的魅力外，也感受民眾的熱情。

大繡旗

在媽祖遶境、進香的各種陣頭中，常會看到很大的長方形繡旗，上面繡著廟宇、主神或藝閣、樂社等陣頭的名號，以及龍鳳等吉祥的圖案。

這種以絨布刺繡並綴有流蘇的大繡旗，一般由兩人扛舉，也可放在推車上拉走，或吊掛在車上遊行，不但壯大陣頭聲勢，也展現刺繡之美。

放鞭炮

台灣民間在祭拜、慶賀或廟會活動時有放鞭炮的習俗,尤其把鞭炮丟向遊行中的神偶或神轎,在媽祖遶境、進香的活動也有這種熱鬧場面。

為什麼要「炮炸」神偶或神轎?據說最早是民眾認為扛神偶和抬神轎的人都被神靈附身,不怕火、不怕炸,所以就丟鞭炮考驗他們,有人甚至把鞭炮推到神轎底下來炸轎。

在媽祖遶境、進香的各種陣頭中,媽祖的兩位貼身護駕千里眼、順風耳,據說因為地位崇高,所以很多民眾不會炮炸他們。但也是媽祖座下的虎爺卻以「吃炮」著稱,據說愈大的炮火愈能讓虎爺享用人間煙火,所以炮炸虎爺轎都會吸引很多民眾圍觀。

宋江陣是台灣廟會中常見的陣頭，包括單人、雙人、三人、團體等形式，成員手持各種不同兵器，在鼓、鑼、鈸三種樂器伴奏下操演，個人武術如行雲流水，團體陣式則氣勢磅礡，很有看頭。

近年來，一些鄉鎮、大學院校推廣宋江陣，吸引年輕人參加，並舉行創意宋江陣比賽，除了強身之外，也傳承、發揚這項民俗文化。

宋江陣

在媽祖遶境、進香的隊伍中，出現一個由地方青少年組成的宋江陣，他們個個英姿煥發，朝與隊伍相反的方向行進，趕著去媽祖神轎前迎駕。

宋江陣可能源自《水滸傳》中梁山泊好漢首腦宋江，據說宋江創造了一種以團體陣式為主、個人武術為輔的武陣來操練部眾。在台灣，據說鄭成功寓兵於農的政策又影響了宋江陣，使農家使用的鏟、叉、棍、刀、斧等工具都變成了兵器。

神童團

神童團據說是在台灣創造出來的小神明，有人說是主神的兩個小書僮，有人說是代表「招財」和「進寶」。

這兩尊神偶，一個是一束髮髻，另一個是兩束髮髻，兩人手拿羽扇、拂塵、令旗，一路上相互追逐，穿梭在陣頭中嬉鬧，活蹦亂跳，非常可愛。

神童與三太子一樣都是兒童的化身，所以一些家裡有小孩的信徒，就會為神童訂製新衣來交換舊衣，再把舊衣修改後給孩子穿，據說可以保佑孩子平安長大。

繪者　劉豐

1950年生於日本。

復興商工職業學校美工科畢業。

畢業後的第一份工作是動畫，退役後陸續從事腳本、插畫、平面設計、美術編輯等
工作。目前從事插畫。

作者　曹銘宗

擁有童心和熱情的台灣文史作家、專欄作家，致力以淺白、貼近生活的文字書寫台灣
的歷史文化。

東海大學歷史系畢業，美國北德州大學新聞碩士。曾任聯合報文化記者及主編、東海
大學中文系兼任講師、中興大學駐校作家。曾獲三屆吳舜文新聞獎文化專題報導獎，
作品多次入選「好書大家讀」、「中小學生優良課外讀物」。

出版三十多種台灣歷史、文化、民俗、語言、人物著作，繪本文字著作有《放假了》、
《雞籠中元祭》、《台灣宗教之美：迎媽祖》、《台灣小吃之美：基隆廟口》、《迴
瀾》，近年著作有《花飛、花枝、花蟳仔：台灣海產名小考》、《遠見與承擔：中研
院數位人文發展史》、《台灣史新聞》、《蚵仔煎的身世：台灣食物名小考》、《大
灣大員福爾摩沙》（與翁佳音合著）等。

哨角隊

在路邊觀看媽祖遶境、進香的隊伍，當傳來十分低沉的樂聲時，那就是哨角隊到了。哨角隊屬駕前陣頭，位在媽祖神轎前方，莊嚴的哨角聲除了開路和宣示外，也有驅邪、去陰和淨化的作用。

哨角源自古代軍隊的號角，以黃銅鑄造，長四尺八寸，可兩節伸縮方便攜帶。一般哨角有兩種，一種是直式，吹奏時要舉平；一種是「L」形，吹奏時要垂下。

在隊伍行進中，何時吹哨角要依鑼聲決定，依古代帝王規制，敲十三下鑼之後，才吹哨角。但如果即將經過墳墓或喪家時，則亂鑼急響，哨角緊吹，以召喚天兵天將前來驅離妖魔鬼怪。

哨角隊中的哨角必須雙數，從早年的兩支發展到後來的數十支，一起吹奏時，聲勢驚人。